BEI GRIN MACHT SICH IHR WISSEN BEZAHLT

Verkaufsmanagement. Kundenorientierung, Führung und Controlling

Isabella Jülch

Bibliografische Information der Deutschen Nationalbibliothek:

Die Deutsche Nationalbibliothek verzeichnet diese Publikation in der Deutschen Nationalbibliografie; detaillierte bibliografische Daten sind im Internet über http://dnb.d-nb.de abrufbar.

ISBN: 9783346328373
Dieses Buch ist auch als E-Book erhältlich.

© GRIN Publishing GmbH
Nymphenburger Straße 86
80636 München

Druck und Bindung: Books on Demand GmbH, Norderstedt Germany
Gedruckt auf säurefreiem Papier aus verantwortungsvollen Quellen

Das Buch bei GRIN: https://www.grin.com/document/976286

Deutsche Hochschule für
Prävention und Gesundheitsmanagement

Einsendeaufgabe

Fachmodul: Verkaufsmanagement

Studiengang: Fitnessökonomie

Datum
Präsenzphase: 15.08.2016–17.08.2016

Name, Vorname: Jülch, Isabella

Studienort: Frakfurt

Semester: Wintersemester

Inhaltsverzeichnis

1 VERKAUFSMANAGEMENT 3

1.1 Verkaufsorganisation 3

1.2 Vergleich mit den 13 Stufen des Verkaufs 3

1.3 Verkaufsprozessoptimierung 7

2 KUNDENORIENTIERUNG 9

2.1 Konzept der Selbstkonkordanz – Transformation der Modi.................9

2.2 Kundenbindung 10

2.3 Zusatzverkäufe 11

3 TEAMS, MOTIVATION & FÜHRUNG 13

3.1 Teamentwicklung...13

3.2 Motivation 15

3.3 Führung 16

4 CONTROLLING.. 16

4.1 Kennzahlen im Vertrieb 2016 16

4.2 Fluktuationsquote 2015 18

5 LITERATURVERZEICHNIS 19

6 ABBILDUNGS- UND TABELLENVERZEICHNIS 19

6.1 Abbildungsverzeichnis...19

6.2 Tabellenverzeichnis 19

1 Verkaufsmanagement

1.1 Verkaufsorganisation

Tabelle 1: Klassifizierung/Einordnung des Ausbildungsbetriebs (eigene Darstellung)

Name der Anlage und Standort (Stadt/Gemeinde):	Slimlady, Wiesbaden/Bierstadt

	Klassifizierung / Einordnung
Anlagenstruktur:	Frauen-Studio
Größe der Anlage:	300 bis 749 qm
Preisstruktur der Anlage:	30,00 € bis 59,99 €
Beschreibung der Kernleistungen (siehe Aufgabe 1):	Beim Verkauf einer Mitgliedschaft erfolgt zuerst die Entgegennahme des Interessentenanrufes (Call-In) durch den Trainer, der auch gleichzeitig die Servicekraft darstellt. Es findet eine Terminvereinbarung statt. Die dafür vorgesehenen Termine sind bereits im Voraus vom Verkäufer im Terminbuch markiert worden. Dies gilt auch für einen Walk-In, der jedoch zusätzlich bereits eine Infomappe mit allen wichtigen Angeboten bzw. Leistungen erhält. Am Tag des Probetrainings begrüßt der Verkäufer, der auch gleichzeitig der heutige Trainer des Kunden ist, den Gast und begleitet ihn zur Umkleide. Im Sitzen führt der Verkäufer dann die Bedarfsanalyse durch. Die Angebotspräsentation erfolgt teilweise anhand einer Präsentationsmappe und teilweise mit einem anschließenden Probetraining, das durch den in der Analyse herausgearbeiteten Bedarf bestimmt wird. Beim abschließenden Zusammensitzen erfolgt die Preispräsentation, da der Kunde sich nun ein besseres Bild vom Preis-Leistungs-Verhältnis machen kann, nachdem er die Leistung selbst einmal testen durfte. Nach Klärung möglicher offener Fragen erfolgt in der Regel der Abschluss der Mitgliedschaft. In der darauffolgenden After-Sales-Phase erhält das Neumitglied nun eine Infomappe mit allen für ihn relevanten Angeboten, sofern dies nicht bereits geschehen ist (siehe Walk-In). Es wird abschließend ein Termin für das „Startpaket" vereinbart, um dem Neumitglied einen bestmöglichen Start und einen zielorientierten Einstieg zu sichern. Der Verkäufer verabschiedet das Neumitglied und begleitet es zur Tür. Die Chefin, die für die gesamte Verwaltung zuständig ist, fertigt nun den Mitgliedsausweis an, registriert das Neumitglied im Computerprogramm und versendet eine Willkommensmail.

1.2 Vergleich mit den 13 Stufen des Verkaufs

Phase 1 (Vorbereitung): Der Verkaufsprozess des oben vorgestellten Ausbildungsbetriebes beginnt ebenfalls mit der Vorbereitung, die in eine organisatorische und eine mentale Vorbereitung unterschieden werden kann. Der Verkäufer des Betriebes schaut sich das bereits angelegte Profil an, das alle Informationen enthält, die durch den Erstkontakt hervorgingen. Mit Stift, Verkaufsmappe und Profil werden dann alle benötigten Materialien auf den Tisch gelegt, an dem anschließend das Verkaufsgespräch stattfinden soll. Auch die mentale Vorbereitung und die Einstellung auf den erwarteten Kunden sind mit dem Durchlesen des Profils vorhanden. Da im besagten Betrieb ein Trainer für alle Verkaufsgespräche verantwortlich ist, ist dieser im Umgang mit Verkaufssituationen bereits bestens geübt und auf Überraschungen vorbereitet. Für jeden Termin werden 1,5 Stunden einkalkuliert, sodass sich der Verkäufer für jeden Kunden ausreichend Zeit nehmen kann.

Phase 2 (Kontaktaufnahme): Sobald der Kunde die Anlage betritt, begrüßt der Verkäufer, der für den Kunden durch die Dienstkleidung sofort erkenntlich ist, diesen herzlich und stellt sich mit seinem Namen vor. Dabei lächelt er und hält Blickkontakt. Der Kunde wird vom Verkäufer gesiezt und direkt mit seinem Namen angesprochen. Damit ist schon einmal die Basis geschaffen, um Sympathie aufbauen zu können.

Phase 3 (Aufbau einer persönlichen Beziehung): Das Gespräch eröffnet der Verkäufer mit einem ausführlichen Beziehungsgespräch, in dem er beispielsweise fragt, ob der Kunde heute zum ersten Mal hier ist und ob er zuvor schon einmal in einem Fitnessstudio gewesen ist (Plünnecke & Schlaffke, 2015, S. 18). In der Regel gewinnen die Kunden schnell Vertrauen und berichten aus ihrem Leben, womit man sagen kann, dass auch diese Phase im besagten Betrieb erfolgreich durchgeführt wird.

Phase 4 (Bedarfsanalyse): Das Beziehungsgespräch geht fließend in die Bedarfsanalyse über. Der Verkäufer hat bereits viel über die Situation des Kunden erfahren und geht nun näher auf die „Probleme und Quellen der Unzufriedenheit" (Plünnecke & Schlaffke, 2015, S. 25) ein, indem er den Kunden nach Beschwerden, Operationen und möglicher Medikamenteneinnahme fragt. Implikationsfragen und Nützlichkeitsfragen werden meistens ausgelassen und es wird direkt zur Angebotspräsentation übergegangen. Der Grund dafür ist, dass der Kunde den Wert bzw. den Nutzen der Lösung selbst durch das anschließende Probetraining erfährt. Die Einwandvorbehandlung wird vom Verkäufer ebenfalls durchgeführt. So werden zum Beispiel Mütter mit kleinen Kindern nach der Betreuungssituation gefragt. Auch erkundigt sich der Verkäufer häufig, wie viel Zeit der Kunde sich pro Woche für sein Fitnesstraining einräumen kann und ob das Studio auf seinem Arbeitsweg liegt. Der Verkäufer stellt, wie von den „13 Stufen des Verkaufs" für diese Phase empfohlen, viele offene Fragen, um die bewussten aber auch die unbewussten Bedürfnisse des Kunden herauszufinden. Er hört aktiv zu und macht sich Notizen.

Phase 5 (Die Durchführung einer Angebotspräsentation): Die Angebotspräsentation besteht hierbei aus Theorie und Praxis. Der Verkäufer stellt das Angebot vor, in dem er die Merkmale beschreibt und die Vorteile aufzeigt. Der Nutzen für den Kunden wird dann in der Praxis bei der Einführung in das Zirkeltraining deutlich. An den Geräten geht der Verkäufer noch einmal auf die individuelle Problematik und damit den speziellen Nutzen für den Kunden ein. Beispielsweise sagt der Verkäufer, dass gerade dieses Gerät wichtig für den Kunden ist, da er hierbei seinen Rücken trainiert, der sich zuvor in der Bedarfsanalyse als Problematik herausgestellt hat. Während der Einweisung verwendet der Verkäufer positive Formulierungen, lobt den Kunden und erkundigt sich nach dessen Befinden. Bei der Angebotspräsentation ist es wichtig, den „Kunden mit einzubeziehen" (Plünnecke & Schlaffke, 2015, S. 29), was durch das selbst Erleben und Testen der Leistung optimal umgesetzt wird.

Phase 6 (Angebots- und Bestätigungsphase) und Phase 7 (Entschluss für Fitness- und Gesundheitsangebote): Diese beiden Phasen werden dadurch ersetzt, dass der Verkäufer sich schon während des Trainings und auch kurz danach ein Feedback einholt, indem er sich nach dem Befinden des Kunden erkundigt. Statt sich mit geschlossenen Fragen die Bestätigung des Kunden einzuholen, erkundigt sich der Verkäufer beim abschließenden Zusammensitzen nach offengebliebenen Fragen. Dadurch leitet er geschickt die Preispräsentation ein, da dem Kunden die Preise in der Regel noch nicht bekannt sind. An dieser Stelle erkundigen sich nun die Kunden, wie viel die ausprobierte Leistung denn nun koste.

Phase 8 (Preispräsentation für die Mitgliedschaft): Eingeleitet durch die offene Frage des Verkäufers beginnt nun die Preispräsentation. Der Verkäufer erklärt dem Kunden nun das Preissystem und die verschiedenen Möglichkeiten, die er hat, um Mitglied zu sein. Der Verkäufer erklärt dies schon anhand des Bedarfs des Kunden und berechnet ihm quasi seinen „persönlichen" Mitgliedsbeitrag, da jedes Mitglied nur das zahlt, was es auch nutzen möchte. Dies entspricht den Vorgaben des Studienbriefes (Plünnecke & Schlaffke, 2015, S. 32). Bei den Preisen macht der Verkäufer nur selten Angebote, da dem Kunden das Preis-Leistungs-Verhältnis durch das eigene Ausprobieren als angemessen erscheinen sollte.

Phase 9 (Das „Ja" für die Mitgliedschaft): Der Verkäufer rät dem Kunden entweder zu einer Mitgliedschaft mit einer Laufzeit von 52 oder von 104 Wochen. Ab und zu lässt er diese eigentlich wichtige Phase aus und geht direkt zum Abschluss der Mitgliedschaft bzw. zum Ausfüllen des Vertrages über mit der Frage, welche Laufzeit der Kunde denn bevorzuge. Dies ist effektiv, da so gleich der Übergang zum Vertrag geschaffen wird.

Phase 10 (Preispräsentation für das Startpaket): Nach der Preispräsentation für die Mitgliedschaft folgt die Preispräsentation für das Startpaket. Hierbei erläutert der Verkäufer die Inhalte des Startpakets, die neben einem Erstgespräch mit der Chefin auch die sich in zeitlichen Abständen wiederholende Körperanalysen darstellen. Der Verkäufer argumentiert also, dass der Kunde diese Leistungen brauche, „um seine Ziele zu erreichen" (Plünnecke & Schlaffke, 2015, S. 34). Er stellt, wie Plünnecke und Schlaffke (2015, S. 34) es empfehlen, den Nutzen des Startpaketes deutlich in den Vordergrund. Wie oben bereits beschrieben, folgt ab und zu auf Phase 8 gleich die Phase 10, wodurch die Phase 9 übergangen wird.

Phase 11 (Vorabschluss): In dieser Phase stellt der Verkäufer, sofern dies sich in Phase 9 nicht bereits geklärt hat, die Frage, welche der beiden Laufzeiten der Kunde denn bevorzuge. Er zeigt ihm bereits die Mitgliedschaft und übergeht somit die Frage: „Möchten Sie jetzt Mitglied werden?", welche dem Kunden Zeit zum Überdenken seiner Entscheidung gibt. Dadurch verhindert der Verkäufer, dass Unsicherheit beim Kunden aufkommt.

Phase 12 (Abschluss einer Mitgliedschaft): Der Abschluss der Mitgliedschaft ist nun in der Regel „nur noch Formsache" (Plünnecke & Schlaffke, 2015, S. 35). Der Verkäufer geht mit dem Kunden jeden einzelnen Punkt der Mitgliedschaft durch.

Phase 13 (After-Sales-Phase): Sobald der Kunde unterschrieben hat, heißt der Verkäufer diesen herzlich als Neumitglied willkommen und bietet ihm das „Du" an, da es sich hierbei um die „Clubsprache" handelt. Hiermit gibt der Verkäufer dem Kunden „eine positive Entscheidungsbestätigung" (Plünnecke & Schlaffke, 2015, S. 36). Anschließend händigt der Verkäufer dem Neumitglied wichtige Informationen in Form einer Informationsmappe aus, sofern dies nicht bereits beim Erstkontakt (Walk-In) geschehen ist, und terminiert ihn für sein Startpaket, wodurch deutlich wird, dass der Kunde auch jetzt, wo er Mitglied ist, wichtig genommen wird. Abschließend verabschiedet sich der Verkäufer und gibt ihm auf den Weg, dass er beim nächsten Wiedersehen seine eigene Mitgliedskarte erhält.

Somit lässt sich abschließend festhalten, dass der Verkaufsprozess des dargestellten Unternehmens weitestgehend den „13 Stufen des Verkaufs" entspricht. Zu deutlichen Abweichungen kommt es lediglich in den Phasen 6 und 7, was darauf beruht, dass die Angebotspräsentation zum Teil praktisch in Form einer Einweisung erfolgt. Der Verkäufer kann sich innerhalb dieser Einweisung schon ein Bild von der Einstellung des Kunden zu der angebotenen Leistung machen, wodurch die Phasen 6 und 7 mehr oder weniger übersprungen werden können. Auch Phase 9 wird oftmals ausgelassen, da durch das Testen der Leistung die Kunden oftmals eher breit sind, den Preis einer Mitgliedschaft zu akzeptieren, da sie deren „Wert" am eigenen Körper erfahren haben.

1.3 Verkaufsprozessoptimierung

Wie bereits in 1.2 dargestellt, unterscheidet sich der Verkaufsprozess des betrachteten Unternehmens in wenigen Punkten von den „13 Stufen des Verkaufs". Ob diese Abweichungen sinnvoll oder deren Änderung Potenzial zur Optimierung bietet, wird im Folgenden näher beleuchtet. In Phase 2, in der der Verkäufer Kontakt mit dem Kunden aufnimmt, wäre es durchaus sinnvoll, dass der Verkäufer sich nicht nur mit seinem Namen, sondern auch mit seiner Funktion im Unternehmen vorstellt, sodass der Kunde weiß, mit wem er es gerade zu tun hat. In Phase 4 findet die Bedarfsanalyse statt. Der Verkäufer macht sich hier zwar Notizen, fragt jedoch den Kunden nicht nach dessen Erlaubnis und erklärt ihm auch nicht, was er genau tut. Der Verkäufer sollte hierbei den Kunden aufklären oder zumindest informieren. Dies würde beim Kunden lediglich positive Gefühle wie Wertschätzung, keinesfalls aber negative Gefühle hervorrufen, denn mit der Mitschrift zeigt der Verkäufer, dass er sich für den Kunden. Des Weiteren werden vom Verkäufer, wie oben beschrieben, die Implikations- und Nützlichkeitsfragen übergangen. Es wäre jedoch durchaus sinnvoll, dem Kunden die Auswirkungen einer Nicht-Lösung seines Problems und damit auch den Wert der Lösung deutlich zu machen. Dies sollte also nicht nur praktisch in Form des Probetrainings erfolgen, sondern vom Kunden auch noch einmal explizit ausgesprochen werden. Die Phasen 6 und 7 werden vom Verkäufer des besagten Unternehmens mehr oder weniger übersprungen. Dies liegt daran, dass die Einstellung des Kunden zur angebotenen Leistung während des Probetrainings deutlich wird. Dem kann man jedoch entgegenhalten, dass es durchaus effektiv wäre, die Bestätigung bzw. den Entschluss für das jeweilige Angebot vom Kunden noch einmal ausdrücklich zu erhalten. Dieser soll erkennen, dass es sich bei dem Angebot um die Lösung seines Problems handelt. In diesen beiden Phasen wird genau dies durch Suggestivfragen und geschlossene Fragen erreicht. Außerdem werden hier auch durch zögerndes Verhalten des Kunden mögliche Unsicherheiten und Zweifel deutlich, die unbedingt vor der Preispräsentation beseitigt werden sollten. Es wäre also empfehlenswert auf diese beiden Phasen nach dem Probetraining noch einmal genauer einzugehen. Wenn der Kunde sich mit der Leistung identifiziert hat, folgt die Präsentation der Preise. Wie oben beschrieben gewährt der Verkäufer nur in seltenen Fällen Rabatte. Hier ist nun die Frage berechtigt, ob Preisnachlasse nicht durchaus effektiv sein können. Auf der einen Seite verringern „vergünstigte Produkte das Kaufrisiko" (Plünnecke & Schlaffke, 2015, S. 33), das besonders

7

bei immateriellen Leistungen wie Dienstleistungen der Fitnessbranche vorhanden ist. Durch die vielen vergleichbaren Leistungen verschiedener Fitnessanlagen orientieren sich viele Kunden „am Entscheidungskriterium Preis" (Plünnecke & Schlaffke, 2015, S. 33) und wählen somit das günstigere Angebot. Auf der anderen Seite wird die Leistung aber durch das Ausprobieren in Form des Probetrainings mehr oder weniger greifbar für den Kunden und er merkt, dass Preis und Leistung in einem fairen Verhältnis zueinander stehen, wodurch Rabatte zur Überzeugung des Kunden nicht mehr notwendig sind. Außerdem können Rabatte auch dazu führen, dass Unzufriedenheit unter den Mitgliedern entsteht, da sich Mitglieder, die keinen Sonderpreis zahlen, benachteiligt fühlen könnten. Auch werben viele Mitglieder Freunde und Bekannte an, die dann wahrscheinlich auch einen Preisnachlass erwarten würden, was zu einer Art Kettenreaktion führen würde. Dem könnte man entgegenhalten, dass durch das Geben von Rabatten ein größerer Kundenkreis erschließbar wäre. Freunde und Bekannte von Mitgliedern mit Rabatten wissen von der „Preistoleranz" des Unternehmens und kommen gerade deshalb zur besagten Fitnessanlage, weil sie das Gefühl haben, dort nicht „ausgebeutet" zu werden und zu einem fairen, für sie erschwinglichen Preis trainieren zu können. Somit lässt sich festhalten, dass Preisnachlasse sowohl Vorteile als auch Nachteile vorzuweisen haben, weshalb es vom Verkäufer durchaus sinnvoll ist, nicht in vielen, sondern nur in wenigen Fällen Rabatte zu gewähren. Ein weiterer Punkt, der Potenzial zur Optimierung des Verkaufsprozess bietet, ist der Abschluss der Mitgliedschaft. Der Verkäufer geht mit dem Kunden zwar jeden einzelnen Punkt durch, jedoch wäre es zusätzlich wichtig, diesem Bedenkzeit einzuräumen, um sich alles in Ruhe durchlesen zu können. Es könnte sonst dazu kommen, dass der Kunde darum bittet, sich den Vertag noch einmal in Ruhe zu Hause durchlesen oder noch eine Nacht über die Entscheidung schlafen zu dürfen. Wenn der Kunde nun unterschrieben und somit Mitglied geworden ist, folgt die After-Sales-Phase. Hier heißt der Verkäufer das Neumitglied willkommen, versorgt ihm mit Informationen und leitet mit der Terminvergabe des Startpakets gleich einen optimalen Trainingseinstieg ein. Ein Punkt zur Optimierung bieten hier sogenannte Gastkarten, also Gutscheine für Freunde. „Gerade wenn der Kunde noch neu im Unternehmen ist und noch wenige Mitglieder kennt, hat er ein großes Interesse, ihm bekannte Personen mitzubringen" (Plünnecke & Schlaffke, 2015, S. 37). Abschließend lässt sich somit sagen, dass es noch Verbesserungsmöglichkeiten im Verkaufsprozess gibt. Lediglich das Verhalten des Verkäufers beim diskutierten Preisnachlass hat sich als optimal ergeben.

2 Kundenorientierung

2.1 Konzept der Selbstkonkordanz – Transformation der Modi

Kunden mit externalem Modus verfolgen eine Zielintention nur deshalb, weil sie von außen dazu veranlasst wurden (Plünnecke & Schlaffke, 2015, S. 45). Dies sind beispielsweise Kunden, die nur Sport treiben, weil sie den Beitrag von der Krankenkasse rückerstattet bekommen. Kunden im introjizierten Modus haben die „Gründe, die zur Herausbildung der Zielintention geführt haben, zwar schon verinnerlicht, aber es sind noch nicht die eigenen Beweggründe" (Plünnecke & Schlaffke, 2015, S. 45). Diese Kunden treiben Sport, weil es beispielsweise der Arzt gesagt hat. Um nun Kunden aus dem externalen Modus in den introjizierten Modus zu überführen, muss diesen ihr Problem bewusst werden. Es ist also eine Strategie erforderlich, mit deren Hilfe sich die Kunden offen mit ihrem derzeitigen Verhalten auseinandersetzten und mit deren Hilfe sie den Nutzen des Sporttreibens begreifen. Eine mögliche Strategie ist Aufklärung. Die Anlage könnte beispielsweise einen Informationsabend veranstalten. Um nun die Kunden dazu zu bewegen, diesen auch zu besuchen, könnten kostenlose Verpflegung und/oder Gutscheine für Leistungen im Thekenbereich angeboten werden. An dem besagten Abend werden die Kunden im externalen Modus darüber aufgeklärt, weshalb die Krankenkasse die Beiträge für das Sporttreiben übernimmt, was denn überhaupt die Vorteile des Sporttreibens sind und warum Bewegung so wichtig ist. Die Kunden verinnerlichen somit die Gründe des Sporttreibens, es sind aber noch nicht ihre eigenen Beweggründe. Kunden im identifizierten Modus sehen die Gründe der Zielintention in einer freien Entscheidung für sich selbst als wichtig an, die Zielintention steht deshalb im Einklang mit ihrem persönlichen Überzeugungs- und Wertesystem (Plünnecke & Schlaffke, 2015, S. 45). Um nun die Kunden im introjizierten Modus in den identifizierten Modus zu überführen, muss man diese spüren lassen, dass Sport ihnen gut tut. Dies bedeutet quasi, die Theorie in die Praxis umzusetzen. Eine wichtige Strategie ist hierbei die Selbstbeobachtung und Selbstkontrolle. Die Kunden sollten nach regelmäßigem Training spüren und auch in Form von Erfolgen sehen können, dass sich ihr Körper und ihr Wohlbefinden verbessert. Diese Überprüfung könnte in Form eines Testes oder Check-ups erfolgen. Einerseits könnte man die Trainingsleistung andererseits die Körperzusammensetzung in zeitlichen Abständen überprüfen bzw. messen, um dem Kunden somit seinen persönlichen Nutzen aufzuzeigen. Der intrinsische

Modus liegt dann vor, „wenn zur Herausbildung der Zielintention gar keine Gründe mehr nötig sind, die außerhalb des angestrebten Verhaltens selbst liegen" (Plünnecke & Schlaffke, 2015, S. 45). Der Kunde treibt Sport, weil es ihm Spaß macht. Hierbei ist Lob bzw. Feedback das Zaubermittel. Für den Kunden gibt es nichts Schöneres, wenn er nach wochenlangem Trainieren und strikter Ernährungsumstellung von seinem Umfeld gesagt bekommt, wie gut er denn aussehe. Innerhalb der Anlage sind hier die Mitarbeiter gefragt, die die Kunden für ihr regelmäßiges und fleißiges Trainieren loben sollten. Darüber hinaus könnte man hier einen Vorher-Nachher-Vergleich in Form eines Bildvergleiches anstellen und dem Kunden noch einmal persönlich seinen Erfolg vor Augen führen und seine Bewunderung aussprechen. Einher mit dem Erfolg geht das Formulieren neuer Ziele und damit die Erstellung eines neuen Trainingsplanes, damit beim Kunden keine Langeweile durch eintöniges Training entsteht und damit der Kunde einen neuen Antrieb bekommt, also ein neues Ziel, auf das er hinarbeiten kann.

2.2 Kundenbindung

Um dem „Motivationsloch", das gerade bei Neumitgliedern in den ersten 5-12 Wochen auftritt, entgegenzuwirken, sind „verhaltensorientierte Strategien" (Plünnecke & Schlaffke, 2015, S. 54) notwendig. Eine wichtige Strategie ist die Erhöhung der Wahrscheinlichkeit auf Erfolg, die mit einer realistischen Zielsetzung einhergeht. Die Aufgabe darf nicht zu schwer erscheinen. Um dies zu verhindern, hat jedes Mitglied einen sogenannten Startpaket-Termin, bei dem sein Tagesplan und seine Ernährungsgewohnheiten erfasst werden. Auf Basis dieser Informationen gibt die Chefin höchstpersönlich einen Handlungsrahmen vor, der dem Mitglied zeigen soll, wie es sein Training effektiv in seinen Tagesablauf integrieren kann und wie die entsprechende Ernährung dazu umgesetzt werden kann. Dadurch wird die am Anfang so groß erscheinende Hürde abgebaut und der Kunde weiß nun konkret, wie er sein Ziel konkret erreichen kann. Des Weiteren ist die intrinsische Motivation „für das langfristige Sporttreiben elementar" (Plünnecke & Schlaffke, 2015, S. 54). Damit diese bei den Mitgliedern entsteht bzw. erhalten bleibt, finden monatlich immer mindestens zwei Events statt. Zum einen sind das ein Kurs-Spezial und zum anderen ein sogenannter Powerzirkel, über die alle Mitglieder per E-Mail informiert werden und zu denen sich die Mitglieder verbindlich anmelden müssen. Bei diesen Events steht Spaß, Abwechslung und Kommunikation neben der Bewegung im

Vordergrund, wodurch die intrinsische Motivation gefördert wird. Einher mit der Motivation geht die Abwechslung. Nach ein paar Wochen wird monotones Training als langweilig empfunden. Die Motivation des Mitglieds sinkt. Deshalb ist es wichtig, das Mitglied immer auf neue Aktionen aufmerksam zu machen. So könnte man das Mitglied, das nun wochenlang Zirkeltraining gemacht hat, von einem 4 Wochen-Kurs SlimBelly oder SlimLeg überzeugen. Damit wird eine aufkommende Trainingsmonotonie verhindert und die Motivation zum Sporttreiben wieder erhöht. Eine weitere Strategie beruht auf Feedback und Lob. So erhöht sich die Motivation ungemein, wenn man für seine „harte Arbeit" gelobt wird. Dies lässt sich mit sogenannten Checkups umsetzen. In regelmäßigen Abständen bekommt das Mitglied eine Körperanalyse, bei der geschaut wird, wie sich seine Körperzusammensetzung durch das Training und die Ernährung verändert hat. Hierbei ist es wichtig, besonders die positiven Aspekte zu betonen, um dem Mitglied zu vermitteln, dass das Sporttreiben Wirkung zeigt und sich seine „harte Arbeit" lohnt. Durch die regelmäßigen positiven Feedbacks wird das Mitglied immer auf ein Neues motiviert, weiterzumachen und an seinem Ziel dranzubleiben, da die Selbstwirksamkeit gefördert wird. Der Kunde entwickelt durch positive Rückmeldungen einen größeren Glauben an seine eigenen Kompetenzen.

Soziale Unterstützung ist neben Lob und Feedback eine weitere handlungsfördernde Maßnahme. Gerade Neukunden, die im Studio niemanden kennen, fehlt diese Komponente. Einerseits ist es die Aufgabe der Mitarbeiter, die Mitglieder untereinander miteinander vertraut zu machen, andererseits können hierbei Gastkarten als strategisches Mittel eingesetzt werden. Neumitglieder können so ihnen vertraute Menschen zum Training mitbringen, wodurch die Motivation erhöht und die Hürde, zum Training zu gehen, durch gemeinsames Verabreden verringert wird.

2.3 Zusatzverkäufe

Das vorgestellte Unternehmen erzielt im Thekenbereich mit dem Verkauf von Wasserflaschen und Protein-Shakes Zusatzeinkünfte. Im Trainingsbereich kommt es zu zusätzlichen Einkünften über den Verkauf von eigenen SlimBellys. Das Unternehmen stellt zwar Leihgurte zur Verfügung, jedoch ist es für die Mitglieder angenehmer zu wissen, dass sie die einzigen sind, die diesen Gurt benutzen. Auch für das Unternehmer ist dies lukrativer, da sie neben den Verkaufseinnahmen auch eine gewisse Bindung an das

11

Unternehmen bewirken, da man den SlimBelly nur in wenigen ausgewählten Fitnessstudios verwenden kann. Ein drittes Beispiel für Zusatzverkäufe stellt die Stoffwechselkur Finyo dar, die dem Rezeptionsbereich zugeordnet werden kann. Besonders über die Anzeige im Internet werden viele Interessenten auf die Stoffwechselkur aufmerksam und melden sich per E-Mail. Finyo ist aber nicht nur für Externe, sondern genauso auch für Interne vorgesehen. Da Finyo nur in Kombination mit Sport erfolgreich ist, bietet das Unternehmen gegen eine zusätzliche Geldleistung an, dass auch Externe den Trainingsbereich während der Dauer der Kur nutzen können. Die meisten „externen Finyo-Kunden" werden in der Regel nach Beendigung der Kur Mitglied, da sie den Sport durch die Kur in ihr Leben integriert haben und nun ihre neue Figur mithilfe des Sports beibehalten möchten. Dadurch wird durch den Zusatzverkauf von Finyo gleichzeitig auch ein neues Mitglied gewonnen. Neben diesen in der Fitnessanlage bereits vorhandenen Zusatzverkäufen könnte die zusätzliche Leistung Kinderbetreuung angeboten werden, da es sich um ein Frauen-Studio handelt, in dem viele junge Mütter trainieren. Man könnte hierfür einen kleinen Raum einrichten, in dem Spiele für die Kinder zur Verfügung stehen. Eine Betreuerin würde sich dann um die Kinder kümmern, während die Mütter trainieren. Diese Zusatzleistung würde dem Rezeptionsbereich zugeordnet werden. Eine weitere Möglichkeit für Zusatzverkäufe wäre der Verkauf von Blackrolls, da diese in einigen Kursen verwendet werden und auf große Nachfrage stoßen. Ähnlich verhält es sich mit den Therabändern für die FiveGym-Kurse. Auch diese würden sich einige Mitglieder gerne kaufen, um die Übungen auch zu Hause machen zu können. Diese beiden Produkte könnte man dann an der Theke neben den Shakes und dem Wasser zum Verkauf anbieten.

3 Teams, Motivation & Führung

3.1 Teamentwicklung

In der ersten Phase formiert sich die Gruppe, weshalb diese nach Truckman (1965) auch als Forming bezeichnet wird. Es liegt eine unpersönliche und angespannte Atmosphäre (Plünnecke & Schlaffke, 2015, S. 120) vor. Der Teamleiter sollte in dieser Phase „die Aufgaben und die Ziele der Arbeit" (Plünnecke & Schlaffke, 2015, S. 120) vorstellen. Eine unterstützende Maßnahme wäre hierbei eine Vorstellungsrunde. Jedes Teammitglied stellt sich, seine bisherige berufliche Laufbahn und seine Vorlieben und Stärken vor. Dadurch lernen sich die Teammitglieder kennen und es kann bereits überlegt werden, wer für welche Aufgaben in Frage kommen könnte. Eine weitere einfache, aber effektive Maßnahme wäre ein gemeinsames Mittagessen. Hierbei ist wichtig, dass sich alle an einen großen, runden Tisch setzen, um eine Cliquenbildung zu vermeiden. Durch das gemeinsame Essen würde sich die Atmosphäre auflockern und das Team würde sich untereinander besser kennenlernen. In der zweiten Phase, dem Storming, kommt es zu Konflikten zwischen den Teammitgliedern, „die mit ihren unterschiedlichen Persönlichkeiten und Arbeitsweisen aufeinanderstoßen" (Plünnecke & Schlaffke, 2015, S. 120). Aufgabe des Teamleiters ist es, die Rollen der einzelnen Teammitglieder klar zu verteilen und Regeln aufzustellen, die den Umgang miteinander bestimmen. Die Regeln könnten hierbei gemeinsam gesammelt werden und schriftlich auf einem Plakat festgehalten werden. Das Plakat sollte dann für jeden gut ersichtlich im gemeinsamen Arbeitsraum aufgehängt werden. In Bezug auf die Rollenverteilung konnte sich der Teamleiter in der Vorstellungsrunde bereits ein Bild verschaffen. Eine sinnvolle Maßnahme wäre nun, jedes Mitglied erst mal selbst entscheiden zu lassen, welche Rolle bzw. welche Aufgaben es im Team übernehmen möchte. Das sorgt für Zufriedenheit mit der eigenen Aufgabe und schafft ein Gefühl der Wertschätzung. Bei Konflikten sollte der Teamleiter sofort eingreifen und die Rollenverteilung selbst festlegen. Hierbei sollte der Teamleiter mit dem „Team Management Profil" (Wagner, 2006, S. 355) arbeiten, um festzustellen, ob jedes Teammitglied auch seinen Präferenzbereich gefunden hat. Das Norming stellt die dritte Phase des Teambildungsprozesses dar, in der „der Umgang mit den Teammitgliedern und die zu erledigenden Arbeiten" (Plünnecke & Schlaffke, 2015, S. 121) neu entwickelt werden. Dadurch werden die unterschiedlichen Standpunkte der Teammitglieder zusammengeführt und ein

Wir-Gefühl entsteht (Plünnecke & Schlaffke, 2015, S. 121). Damit dieses Wir-Gefühl entstehen kann, muss das Team ein gemeinsames Erfolgserlebnis haben. Hierbei wäre ein Nachmittag mit spielerischen Gruppenaufgaben, die die Gruppe nur gemeinsam als Team lösen kann, eine effektive Maßnahme. Auch gemeinsame Ausflüge wie zum Beispiel eine Schnitzeljagd im Freien oder Rudern in einem Ruderboot fördern den Teambildungsprozess. In der letzten Phase, der Performing-Phase, wird „effizient und effektiv gearbeitet" (Plünnecke & Schlaffke, 2015, S. 121). Solidarität, Leistungsfähigkeit, Hilfsbereitschaft und gegenseitiges Vertrauen bestimmen das Verhältnis der Teammitglieder untereinander. Es ist nun ein „high-performance Team" (Plünnecke & Schlaffke, 2015, S. 120) entstanden. Um diese Phase aufrecht zu erhalten, ist der Teamleiter besonders für die Kommunikation verantwortlich. Der Teamleiter sollte alle Mitglieder regelmäßig über Neuigkeiten und Veränderungen informieren. Hierfür sollten regelmäßig Teammeetings stattfinden, in denen das gesamte Team über bisherige Entwicklungen aber auch über zukünftige Entscheidungen diskutiert. Eine weitere Maßnahme ist auf die Problemlösung ausgelegt. Der Teamleiter könnte neben dem direkten Ansprechen der Mitarbeiter auf Probleme oder Unzufriedenheit einen Kummerkasten aufstellen, in dem die Teammitglieder anonym ihre Wünsche mitteilen oder Missstände und Probleme aufzeigen. Wichtig ist hierbei, dass der Teamleiter mit diesen Informationen arbeitet und gemeinsam mit der Gruppe nach Lösungen sucht. Es wird deutlich, dass der Teamleiter eine entscheidende Rolle im Teambildungsprozess einnimmt. Doch in welcher Phase ist der Teamleiter nun besonders gefordert? Wenn man sich die vier Phasen des Teambildungsprozesses anschaut, wird deutlich, dass die ersten beiden Phasen die Voraussetzungen für ein erfolgreiches Team bilden. In diesen beiden Phasen muss der Teamleiter aktiv das Miteinander der einzelnen Teammitglieder steuern. So muss der Teamleiter in der Forming-Phase nicht nur für ein angemessenes Kennenlernen der einzelnen Teammitglieder untereinander sorgen und damit bereits den Grundstein für eine harmonische Arbeitsatmosphäre legen, sondern auch die bevorstehende Arbeit und das angestrebte Ziel vorstellen. In der darauf folgenden Storming-Phase muss der Teamleiter die Rollen der einzelnen Teammitglieder genau festlegen und klare Normen bestimmen, wie jeder einzelne zu arbeiten hat. Mit der Rollen- und Arbeitsverteilung entsteht also die eigentliche Teamarbeit. Hier entscheidet sich, ob das Team überhaupt erfolgreich sein kann, denn nur eine präferenzorientierte Arbeitsverteilung verspricht langfristig Erfolg. So ist die Qualität dieser Phase mitentscheidend auf dem Weg zu einem high-performance Team (Plünecke & Schlaffke, 2015, S. 120-121). Wenn diese beiden Phasen erfolgreich gemeistert wurden, entwickelt sich das Team auch ohne großes Eingreifen seitens des Teamleiters weiter. Wichtig ist, dass die Aufgaben klar verteilt und Arbeitsnormen genauestens festgelegt sind. Mit der Zeit entwickelt sich dann von ganz allein ein Gemeinschaftsgefühl und das Team wächst an seinen Aufgaben. Hier muss der Teamleiter nur noch aktiv eingreifen, wenn es zu Konflikten oder Problemen kommen sollte. Abschließend lässt sich somit sagen, dass der Teamleiter besonders in den ersten beiden Phasen gefordert ist und sein Verhalten und Mitwirken in diesen Phasen die Voraussetzung für die Bildung eines erfolgreichen Teams bilden.

3.2 Motivation

Führungskräfte interessieren sich dafür, wie sie ihre Mitarbeiter motivieren können, das heißt, sie aktiv und zielgerichtet steuern zu können (Plünnecke & Schlaffke, 2015, S. 43-44). Eine Möglichkeit hierfür bieten Gruppenprovisionen. Doch sind diese auch die beste Möglichkeit, die Mitarbeiter im eigenen Unternehmen dauerhaft zu motivieren? Man muss beachten, dass die Motivation in zwei Kategorien eingeteilt wird: in die intrinsische Motivation und in die extrinsische Motivation. Bei der intrinsischen Motivation erfolgt der Anreiz aus der Sache selbst. Die Mitarbeiter sind also motiviert, da sie Spaß an ihrer Arbeit haben. „Bei der extrinsischen Motivation erfolgt die Motivation durch äußere Gegebenheiten" (Plünnecke & Schlaffke, 2015, S. 44). Der Mitarbeiter ist nicht deshalb motiviert zu arbeiten, da ihm die Arbeit Spaß macht, sondern da in ein materieller Anreiz treibt: die Gruppenprovision! Hierbei wird deutlich, dass dem Mitarbeiter nicht die Arbeit am Herzen liegt, sondern das Geld. Dieser Mitarbeiter wird also im Gegensatz zum Mitarbeiter mit intrinsischer Motivation keine dauerhafte Motivation aufbringen können. Sobald eine niedrige Provision zu erwarten ist, lässt auch die Freude des Mitarbeiters an der Arbeit nach. Außerdem besteht die Gefahr, dass nur noch Wert auf Quantität gelegt wird und die Qualität zu kurz kommt. Mitarbeiter mit intrinsischer Motivation sind dagegen qualitätsorientierter. Ihnen liegt gute Arbeit am Herzen. Sie sind glücklich mit ihrer Arbeit und nur glückliche Mitarbeiter leisten guten Service und auf den kommt es den Kunden an (Hübner, 2009, S. 207). Für die Gruppenprovision spricht, dass diese die Teamarbeit fördert. Nur wenn das gesamte Team gute Arbeit leistet, ist auch eine hohe Provision für alle zu erwarten. Dem steht jedoch entgegen, dass sich Einzelne auf Kosten ihrer Kollegen ausruhen können und diesen die Arbeit überlassen. Abschließend lässt sich festhalten, dass Gruppenprovisionen zwar eine Möglichkeit zur Motivationssteigerung der Mitarbeiter und sind und zur Förderung der Teamarbeit beitragen, jedoch noch lange keine ideale Lösung bieten, da lediglich die extrinsische Motivation angesprochen wird. Eine dauerhafte Motivation entsteht erst durch die Förderung der intrinsischen Motivation. Hierbei spielen „immaterielle Anreize" (Plünnecke & Schlaffke, 2015, S. 86) wie Wertschätzung und Aufmerksamkeit eine zunehmend wichtigere Rolle, um dem Mitarbeiter Spaß an der eigentlichen Arbeit zu vermitteln.

3.3 Führung

In Fallbeispiel 1 handelt es sich um den direktiven Stil. Der Chef verlangt „unmittelbaren Gehorsam" (Plünnecke & Schlaffke, 2015, S. 114) von seinen Mitarbeitern. Abweichungen von seinen strikten Anweisungen in Form von „To Do-Listen" werden sofort sanktioniert. So kontrolliert er mehrmals täglich mit Kontrollgängen durch die Anlage die Arbeit seiner Mitarbeiter und ob diese auch seinen Vorstellungen entspricht. Fallbeispiel 2 lässt sich dem affiliativen Stil zuordnen. Dieser „zielt auf Harmonie und Konsens unter den Mitarbeitern und der Führungskraft ab" (Plünnecke & Schlaffke, 2015, S. 114). Deutlich wird dies bei dem Fallbeispiel in zwei Aussagen: einmal in der Aussage, dass es sich um ein tolles, eingespieltes Team handelt, bei dem jeder jedem hilft und alle viel Spaß bei der Arbeit und auch in ihrer privaten Zeit zusammen haben und einmal in der Aussage, dass das Team durch seine Harmonie und den starken Zusammenhalt auch schwierige Situationen erfolgreich meistern kann.

4 Controlling

4.1 Kennzahlen im Vertrieb 2016

Telefonquote: $\text{TQ April} = \frac{11}{13} \times 100 = 84{,}62\%,$ $\text{TQ Mai} = \frac{11}{12} \times 100 = 91{,}67\%,$ $\text{TQ Juni} = \frac{10}{10} \times 100 = 100\%$

Termineinhaltungsquote: $\text{TEQ April} = \frac{8}{13} \times 100 = 61{,}54\%,$ $\text{TEQ Mai} = \frac{14}{18} \times 100 = 77{,}78\%,$ $\text{TEQ Juni} = \frac{9}{11} \times 100 = 81{,}82\%$

Abschlussquote: AQ April $= \frac{4}{8} \times 100 = 50\%$, AQ Mai $= \frac{7}{14} \times 100 = 50\%$, AQ Juni $=$ $\frac{6}{9} \times 100 = 66,67\%$

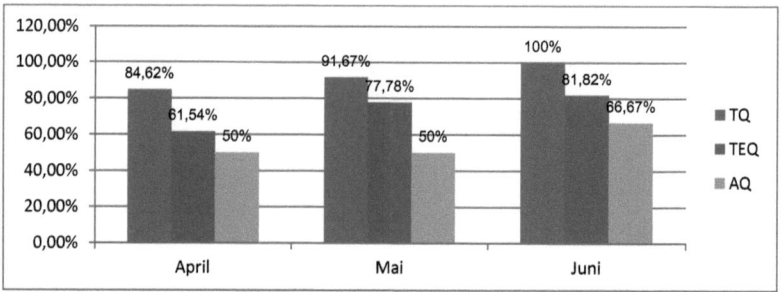

Abb: 1 Entwicklung der Kennzahlen TQ, TEQ und AQ im Zeitvergleich (eigene Darstellung)

Die Telefonquote liegt in allen 3 Monaten über 80 %, was ein sehr zufriedenstellendes Ergebnis ist. Im Juni steigt die Telefonquote sogar auf 100 %. Die starken Abweichungen basieren darauf, dass die Anzahl der Anrufer so gering ist, dass bereits ein nicht terminierter Anrufer eine starke prozentuale Veränderung hervorruft. Insgesamt lässt sich also sagen, dass so gut wie alle Anrufer terminiert werden können. Die Termineinhaltungsquote beträgt in allen 3 Monaten mehr als 50 %. Demnach erscheint mindestens die Hälfte der Interessenten zu ihrem Beratungstermin, was ein ausbaubares Ergebnis ist. Dies wird daran deutlich, dass die Termineinhaltungsquote im Mai 16 % und im Juni sogar 20 % höher liegt als noch im April. Hierbei wäre zu schauen, warum dies so ist. Neben unternehmensinternen Gründen wird sicherlich ein Grund sein, dass gerade im Frühjahr ein „Fitness-Boom" herrscht. Viele Menschen wollen vor ihrem Sommerurlaub noch ihre Strandfigur optimieren. Das bedeutet, es herrscht großer Andrang in den Fitnessanlagen, was wiederum dazu führt, dass die Termine nicht eingehalten werden, da viele in mehreren Fitnessstudios gleichzeitig ein Probetraining vereinbart haben. Die Abschlussquote beträgt im April und Mai genau 50 %. Das heißt, die Hälfte aller durchgeführten Beratungen führen letztlich zu einer Mitgliedschaft. Dies könnte wesentlich mehr sein, wenn man bedenkt, dass sich nur Interessierte auch wirklich beraten lassen. Sobald sich die Menschen Zeit für ein Probetraining nehmen bzw. die Mühe aufbringen zu erscheinen und Sport zu treiben, ist in der Regel wirkliche Bereitschaft da, um eine Mitgliedschaft abzuschließen. Auffällig ist, dass die Abschlussquote im Juni um 16 % steigt. Neben unternehmensinternen Gründen könnte auch hier wieder der „Fitness-Boom" im Frühjahr

17

eine Erklärung sein. Es werden mehrere Fitnessstudios gleichzeitig angeschaut. Dementsprechend ist die Bereitschaft aufgrund eines Probetrainings gerade in diesem Fitnessstudio eine Mitgliedschaft abzuschließen geringer.

4.2 Fluktuationsquote 2015

$$\text{Fluktuationsquote } 2015 = \frac{59}{(306+329) \div 2} = \frac{59}{317,5} \times 100 = 18,58\%$$

Senkung der Fluktuationsquote um 5 % (18,58 % - 5 % = 13,58 %):

$$13,58 = \frac{x}{317,5} \times 100 \rightarrow x = \frac{12,82 \times 317,5}{100} = 40,70$$

Dies bedeutet, dass bei Senkung der Fluktuationsquote um 5 % die Anzahl der Abgänge von 59 auf ca. 41 sinken würde. Dies wiederum bedeutet, dass im Jahr 2015 18 Mitglieder (59 - 41) zusätzlich erhalten geblieben wären bzw. nicht gekündigt hätten. Da die Kosten für eine Jahresmitgliedschaft in der Regel 11,90 € pro Woche betragen, lässt sich der Mehrumsatz für das Jahr 2015 wie folgt berechnen: 18 × 11,90 € × 52 = 11138,40 €.

5   Literaturverzeichnis

Hübner, S. (2009*). Service macht den Unterschied: Wie Kunden glücklich und Unternehmen erfolgreich werden.* München: Redline.

Plünnecke, W., Schlaffke, A. (2015). *Studienbrief Verkaufsmanagement.* Saarbrücken: Deutsche Hochschule für Prävention und Gesundheitsmanagement.

Tuckmann, B. W. (1965). *Developmental sequence in small groups. Psychological Bulletin, 63* (6), 384-399.

Wagner, H. (2006). Das Team Management Profil. In W. Simon (Hrsg.). *Persönlichkeitsmodelle und Persönlichkeitstests: 15 Persönlichkeitsmodelle für Personalauswahl, Persönlichkeitsentwicklung, Training und Coaching* (S. 355-367). Offenbach: Gabal.

6   Abbildungs- und Tabellenverzeichnis

6.1 Abbildungsverzeichnis

Abbildung: 1 Entwicklung der Kennzahlen TEQ und AQ im Zeitvergleich (eigene Darstellung)

6.2 Tabellenverzeichnis

Tabelle 1: Klassifizierung/Einordnung des Ausbildungsbetriebs (eigene Darstellung)

BEI GRIN MACHT SICH IHR WISSEN BEZAHLT

- Wir veröffentlichen Ihre Hausarbeit,
  Bachelor- und Masterarbeit

- Ihr eigenes eBook und Buch -
  weltweit in allen wichtigen Shops

- Verdienen Sie an jedem Verkauf

Jetzt bei www.GRIN.com hochladen
und kostenlos publizieren